¡EXPERIMENTA!

1

Un submarino de aire
y otros experimentos

ELECTRICIDAD Y MAGNETISMO, AIRE, DENSIDAD DE LOS CUERPOS,
FUERZAS Y PRESIONES, CALOR

JORDI MAZÓN

Dibujos:
Raquel Gu

ediciones
Lectio

ÍNDICE

INTRODUCCIÓN

La observación y la experimentación de los fenómenos que pasan a nuestro alrededor son la base de la ciencia, esenciales para llegar a comprender el porqué de las cosas. En este libro encontrarás una propuesta de experimentos sencillos que te permitirán iniciarte en el mundo de la experimentación científica: electricidad y magnetismo, el aire, la densidad de los cuerpos, fuerzas y presión, el calor. No se trata de experimentos "espectáculo" sino de propuestas que permiten ayudar al conocimiento de algunos conceptos relacionados con la ciencia.

Este libro va destinado, sobre todo, a chicos y chicas de la enseñanza primaria y secundaria, aunque obviamente tienen cabida todos los lectores independientemente de la edad. No es imprescindible tener unos conocimientos previos de ciencia para desarrollar los experimentos propuestos, ya que en cada uno de ellos hay una pequeña explicación sobre el qué y el porqué de lo que ha sucedido durante el experimento.

Cada experimento se estructura de una forma similar, respondiendo a cuatro preguntas: ¿qué queremos demostrar?, ¿qué necesitamos?, ¿cómo lo hacemos?, ¿qué y por qué ha sucedido?, de manera que los más pequeños puedan ser autónomos y ejecutar ellos mismos los experimentos, aunque se aconseja que siempre haya la supervisión de un adulto. El material necesario para realizar los experimentos se puede conseguir sin dificultad, a un coste cero o muy reducido, y su ejecución no conlleva ningún peligro especial.

JORDI MAZÓN
Septiembre 2014

Electricidad en tu pelo

Los objetos de nuestro entorno son generalmente neutros eléctricamente. Es decir, que no tienen una carga eléctrica neutra. Esto es así porque, en los átomos que conforman la materia del nuestro entorno, el número de cargas eléctricas negativas (electrones) es el mismo que el de cargas positivas (protones). Al no tener una carga eléctrica neta, podemos decir que la materia es neutra eléctricamente. Frotando determinados objetos extraemos o incorporamos electrones a los átomos, y por tanto éstos quedan cargados eléctricamente. Si sustraemos electrones, la carga neta será positiva, mientras que si se añaden electrones, la carga neta será negativa.

¿QUÉ QUEREMOS DEMOSTRAR?

La existencia de cargas eléctricas y de la fuerza electrostática.

¿QUÉ NECESITAMOS?

- un globo
- una hoja de papel

¿CÓMO LO HACEMOS?

[1] Infla un globo. Haz trocitos pequeños con el papel, y déjalos encima de una mesa. Frota el globo con el cabello durante unos segundos.

[2] Ten cura de que el globo no toque algún objeto una vez que lo has frotado, y cógelo por el extremo donde has realizado el nudo.

[3] Acércalo lentamente a los papelitos.

¿QUÉ Y POR QUÉ HA PASADO?

Observarás que los papelitos comienzan a moverse al acercarles el globo, y que hasta algunos saltan y quedan adheridos a éste. Esto pasa porque al frotar la goma del globo con tu cabello has añadido cargas eléctricas negativas a los átomos del globo, cargándolo negativamente. Al acercar el globo a los papelitos, las cargas eléctricas negativas de los papelitos tienden a alejarse, mientras que las positivas tienden a acercarse al globo. Esto hace que sobre el papelito aparezca una fuerza electrostática, que la hace saltar hacia el globo.

Y ADEMÁS...

Puedes intentar acercar el globo a un hilo de agua de un grifo. Observarás como el hilo de agua del grifo es desviada por la interacción de la carga eléctrica del globo. Las gotas de agua se comportan como los papelitos, alejándose las cargas negativas y acercándose las positivas al globo.

Anillo levitador

Las cargas de igual signo se repelen debido a la fuerza electrostática. Esta fuerza depende del valor de las cargas y de la distancia que las separa. Cuanto más cerca, la fuerza electrostática es mayor.

¿QUÉ QUEREMOS DEMOSTRAR?

La existencia de una fuerza de repulsión electrostática en objetos cargados con el mismo signo.

¿QUÉ NECESITAMOS?

- un globo
- un trapo de algodón
- una bolsa de plástico fino
- tijeras

¿CÓMO LO HACEMOS?

[1] Recorta la boca de una bolsa de plástico, y haz un anillo de plástico, como muestra la figura.

[2] Sitúa este anillo sobre una superficie dura, y frota durante unos 45 segundos con el paño de algodón.

[3] Hincha el globo y frótalo durante unos 45 segundos con el paño de algodón.

[4] Con cuidado, lanza al aire el anillo de plástico y sitúa el globo abajo, a aproximadamente 20 cm. Sigue la posición del anillo con el globo.

¿QUÉ Y POR QUÉ HA PASADO?

Tanto el anillo de plástico como el globo están cargados eléctricamente con el mismo signo, ya que son materiales similares frotados con el mismo tipo de trapo. Al acercarlos, se repelen, de manera que cuando el anillo se cae y se acerca al globo, éste ejerce una fuerza electrostática de repulsión, haciendo flotar el anillo. Podemos decir que éste levita.

Electricidad por el agua

Cuando las cargas eléctricas se mueven por un determinado medio se habla de corriente eléctrica. No todos los materiales pueden conducir la electricidad. Aquellos que lo hacen se llaman conductores. El cobre o el hierro son muy buenos conductores eléctricos; por eso los cables son de cobre, porque a través de ellos las cargas eléctricas se pueden desplazar, y conducir la electricidad. Aquellos materiales a través de los cuales no se pueden desplazar las cargas eléctricas se llaman aislantes, o dieléctricos. Hay muchos materiales aislantes. El plástico es uno; por eso las fundas de los cables son de plástico, para evitar que la electricidad pueda pasar del cable de cobre a tu mano.

¿QUÉ QUEREMOS DEMOSTRAR?

Queremos ver si el agua conduce la electricidad.

¿QUÉ NECESITAMOS?

• una pila de 1,5 voltios
• un LED
• un par de cables
• sal
• un bol de agua destilada

¿CÓMO LO HACEMOS?

[1] Une a las dos patas del LED los dos trozos de cable. Conéctalos a la pila; el otro extremo déjalo libre, como muestra la figura. Conecta el otro trozo de cable al otro polo de la pila. En un bol llénalo de agua destilada. Es importante que sea destilada, como la que hacen servir los padres para la plancha. Esta agua es pura, es decir, no contiene iones ni substancias disueltas; es hidrógeno y oxígeno. Coloca en los extremos del cable dentro del bol de agua destilada.

[2] Verás que el LED no se enciende. Sin sacar los cables del bol, disuelve sal en el agua. Si el LED todavía no se enciende, sigue tirando sal y removiendo para que se disuelva. Repite esta operación hasta que se encienda el LED.

¿QUÉ Y POR QUÉ HA PASADO?

El agua destilada es aislante, no conduce la electricidad. Pero cuando ésta contiene disueltas partículas, se convierte en conductora. Es decir, que cuando decimos que el agua es conductora de la electricidad es porque contiene disueltas pequeñas partículas que son las que facilitan el movimiento de las cargas eléctricas de un cable a otro. Por tanto, como tal vez habrás oído alguna vez, alerta con la electricidad y el agua, que son una combinación peligrosa.

Brújula de agua

El núcleo interno de la Tierra está formado por materiales ferromagnéticos, en un estado a medio camino del sólido y el líquido. Al girar la Tierra, este material se comporta como un imán gigantesco, creando un potente campo magnético, orientado de forma aproximada al eje de rotación terrestre. Como en todo imán, la intensidad del campo magnético asociado es mayor en las zonas de los polos magnéticos que en la llamada zona neutra, hacia el ecuador terrestre.

¿QUÉ QUEREMOS DEMOSTRAR?

En este experimento construiremos una brújula casera, que nos orientará el norte magnético terrestre, demostrando así la existencia de éste.

¿QUÉ NECESITAMOS?

- un tapón de corcho (similar al de una botella de vino)
- un alfiler
- un imán
- un bol lleno de agua

[1] Con un cuchillo, cortamos una rodaja cilíndrica del tapón de corcho

[2] y hacemos un pequeño canal que lo atraviese diametralmente, tal y como indica la figura.

[3] Durante aproximadamente un minuto, roza el alfiler al imán;

[4] déjalo sobre el pequeño canal del cilindro que has hecho en el tapón de corcho,

[5] de forma que ésta sobresalga aproximadamente la misma distancia por ambos lados del tapón.

[6] Con mucho cuidado, deposita el conjunto sobre el agua de un cuenco. Debes tener cuidado de que la aguja no se moje. Da un pequeño empujón a la aguja y déjala que gire. Hazlo varias veces, y observa hacia dónde apunta la punta de la aguja.

¿QUÉ Y POR QUÉ HA PASADO?

La aguja imantada se orienta siguiendo las líneas del campo magnético terrestre, de norte a sur. Al haber poca fricción entre el corcho y el agua, la pequeña imantación que has provocado sobre la aguja al frotarse con el imán es suficiente para orientarse en el campo magnético terrestre. Éste es precisamente el mecanismo de funcionamiento de las brújulas.

Magnetismo en 2 y 3D

Los imanes tienen la propiedad de crear a su alrededor lo que se llama un campo magnético, es decir, una zona del espacio alrededor de éste donde se evidencian los efectos magnéticos. Estos efectos son del todo invisibles para el ser humano, como ocurre con el campo gravitatorio por ejemplo, pero se pueden visualizar. Una de las propiedades más destacables del campo magnético es que es cerrado, es decir, que las líneas de corriente magnética salen por uno de los polos del imán (el llamado polo norte) y convergen en el otro (el llamado sur).

¿QUÉ QUEREMOS DEMOSTRAR?

La observación de les líneas magnéticas en 2 y 3 dimensiones.

¿QUÉ NECESITAMOS?

- limaduras de hierro
- un imán alargado
- un pequeño frasco
- aceite corporal o de oliva
- una hoja de papel

[1] Esparce las limaduras de hierro sobre una hoja de papel.

[2] Una vez bien esparcidas, con cuidado sitúa el imán debajo del papel, como muestra la figura.

[3] Puedes seguir tirando limaduras alrededor del imán. Observa qué sucede con éstas.

[4] Rellena un pequeño frasco con aceite corporal transparente (también lo puedes hacer con aceite de oliva). Es importante que este aceite sea viscoso. Introduce limaduras de hierro, y cierra el frasco. Agítalo, de forma que las limaduras de hierro queden repartidas dentro del frasco.

[5] Acerca el imán al frasco, y observa qué pasa. Puedes mover el imán alrededor del frasco, para experimentar lo que sucede.

¿QUÉ Y POR QUÉ HA PASADO?

Las limaduras que has situado sobre el papel o dentro del frasco siguen las líneas invisibles que van de uno de los polos del imán al otro, en el primer caso en 2D y en el segundo en 3D. Éstas son las llamadas líneas de campo magnético, las cuales indican la trayectoria que seguiría una partícula ferromagnética sometida a la acción del campo magnético del imán.

Dejen salir antes de entrar

El aire es la mezcla de gases que rodea nuestro planeta. El nitrógeno y el oxígeno son los principales, con aproximadamente el 99% del total; el 1% restante lo forman una lista bien larga, entre los que destacan el vapor de agua, el argón, los óxido de carbono, los de nitrógeno, de azufre, metano... Todos estos gases están formados por moléculas y, por tanto, tienen masa. Es decir, el aire pesa y es materia, y aunque no lo podamos ver ocupa un volumen.

¿QUÉ QUEREMOS DEMOSTRAR?

En este experimento demostraremos que el aire tiene masa y ocupa un volumen. Adicionalmente, también comprobaremos la tercera ley de Newton, conocida como la ley de acción y reacción.

¿QUÉ NECESITAMOS?

- una botella de plástico de 1,5 litros
- un globo
- un punzón

¿CÓMO LO HACEMOS?

[1] Con la ayuda de un punzón, haz un agujerito en el lateral inferior de una botella de 1,5 litros vacía.

[2] Introduce por la boca de la botella un globo de forma que al soplar en él se hinche hacia el interior.

[2] Busca un voluntario y dile que sople para inflar el globo, mientras tú le sujetas la botella. Mientras lo hace, y sin que se dé cuenta, tapa con un dedo el orificio que has hecho. No podrá inflar el globo.

[4] Pídele que vuelva a inflarlo, pero esta vez saca el dedo del orificio. Esta vez podrás observar como sí se infla dentro de la botella.

¿QUÉ Y POR QUÉ HA PASADO?

La botella está llena de aire. Para que el globo pueda hincharse y avanzar dentro de ésta es necesario que el aire del interior salga de la botella. Al taponar con el dedo el orificio impedimos que el aire salga de la botella y el globo no pueda avanzar porque encuentra una gran masa de aire que se lo impide. Es como si encontrara una pared, pero de aire. En el segundo intento para inflar el globo, al sacar el dedo del orificio del aire del interior de la botella puede salir a medida que el globo avanza. Es por esta razón que se hincha. El aire, pues, pesa y ocupa un espacio, tiene masa y ofrece resistencia. Cuando se le aplica una fuerza (acción), como la que hace el globo al intentar avanzar por el interior de la botella, las partículas del aire del interior lo impiden, creando una fuerza de reacción a esta acción; se verifica así la tercera ley de Newton, también conocida como de acción y reacción.

El aire ocupa un volumen

El aire inunda nuestro alrededor, incluso lo que vulgarmente decimos vacío se encuentra lleno, de aire. Un vaso vacío está lleno de aire. Cuando lo llenamos de agua, el aire tiene que salir para que el agua pueda entrar dentro del vaso. Si el aire no pudiera salir, el agua no podría entrar, como experimentaremos a continuación.

¿QUÉ QUEREMOS DEMOSTRAR?

Seguimos demostrando que el aire es materia, y que ocupa un volumen.

¿QUÉ NECESITAMOS?

- un embudo
- una botella
- plastilina
- agua

[1] Pon el embudo sobre la botella, y echa en ella agua. Observarás que el agua entra sin dificultad.

[2] Vacía la botella y vuelve a poner el embudo sobre la botella. Esta vez, con la ayuda de la plastilina cubre la junta entre el embudo y la plastilina; procura que esta juntura quede perfectamente tapada.

[3] Tira agua por el embudo para intentar rellenar la botella, tal y como has hecho antes.

¿QUÉ Y POR QUÉ HA PASADO?

Si has sellado bien la junta, observarás que el agua no puede entrar dentro de la botella, y que se queda dentro del embudo. La primera vez que has tirado agua por el embudo, ésta ha podido entrar dentro de la botella porque el aire de dentro de la botella ha podido salir fuera de ella, a medida que el agua entraba. ¿Por dónde salía el aire? Pues por el único lugar que podía, por la juntura entre el embudo y la botella. La segunda vez que has tirado agua, el aire de dentro de la botella no puede salir por ninguna parte; el agua prueba de entrar dentro de la botella, pero como el aire no puede salir, hace que el agua no pueda entrar. Y esto es así porque el aire está formado por partículas de masa, y por lo tanto ocupa un volumen y ejerce una gran fuerza sobre los objetos.

El aire pesa

El aire está formado por moléculas de diferentes gases, partículas sólidas en suspensión y, por tanto, pesa. Este peso hace que a veces el aire caiga hacia el suelo.

¿QUÉ QUEREMOS DEMOSTRAR?

Que el aire pesa.

¿QUÉ NECESITAMOS?

- dos globos
- una regla
- un cordel
- un lápiz o varilla

[1] Hincha los dos globos, pero uno poco y el otro mucho. Con la ayuda de la regla, busca el punto medio en una varilla (puede ser un lápiz).

[2] Marca este punto, y ata un trozo de cordel alrededor, dejando un trozo de hilo para cogerlo, como si se tratara de una balanza, tal y como muestra el dibujo.

[3] Si has determinado bien el punto medio, al sujetar por el hilo la varilla ésta debe mantenerse horizontal. Ata los dos globos en los extremos de la varilla, y vuelve a coger la varilla por el hilo.

[4] Observa qué sucede. Prueba de mover la posición donde tienes atado el hilo a la varilla, hasta alcanzar el equilibrio de los dos globos. ¿Se encuentra hacia el globo más hinchado, o hacia el más desinflado?

¿QUÉ Y POR QUÉ HA PASADO?

Si los dos globos tuvieran la misma cantidad de aire, la varilla se mantendría horizontal, ya que el aire del interior de los dos globos pesa lo mismo y no declinan la balanza hacia ningún lado. Al tener el globo más hinchado más cantidad de aire, pesa más, y decanta la balanza hacia su lado. Para alcanzar el nuevo equilibrio será necesario que desplaces el nudo que has hecho a la varilla hacia su lado, para compensar este exceso de peso que tiene respecto del globo menos hinchado.

Columna de densidades

No todos los líquidos pesan lo mismo. Los hay que pesan más que el agua, como el agua salada o el mercurio, y que pesan menos, como el aceite o el alcohol. La densidad es el concepto que permite comparar entre sí el peso de las sustancias. La densidad se define como la masa por unidad de volumen. De esta forma, el agua tiene a unos 4 °C de temperatura y al nivel del mar una masa de aproximadamente 1.000 kg en un metro cúbico. A veces sin embargo, esta diferente densidad no es posible observar ya que los líquidos (o gases) tienen el mismo color.

¿QUÉ QUEREMOS DEMOSTRAR?

Se pretende comparar la densidad de diferentes líquidos, construyendo una columna de colores con líquidos de diferentes densidades.

¿QUÉ NECESITAMOS?

- un vaso de tubo o copa de cava
- miel
- caramelo líquido
- agua
- aceite de girasol
- aceite de oliva
- alcohol

[1] Vamos introduciendo en el vaso de tubo los diferentes líquidos. El orden no tiene importancia, porque los líquidos más pesados ya se irán acumulando en el fondo, pero conviene empezar poniendo la miel para tener una columna limpia desde el principio. De lo contrario también funcionará pero deberás esperar algo a que los líquidos se estabilicen y ocupen sus posiciones de equilibrio. Puedes hacer servir vasitos pequeños para introducir los elementos más viscosos como la miel o el caramelo líquido, procurando que no ensucie las paredes del vaso. Aparte de estos elementos, también puedes probar y experimentar con otros.

¿QUÉ Y POR QUÉ HA PASADO?

Una vez colocados todos los líquidos en el vaso de tubo, podrás determinar entre ellos cuál pesa más. Al tener diferente densidad los líquidos no se mezclan, sino que establecen una frontera entre sí, formándose estratos de diferentes características en función del peso de cada líquido. [2] Una vez la columna de densidad esté bien estable, puedes probar de tirar diferentes objetos: trozo de madera, de hierro, de plástico... [3] Comprobarás que algunas piezas se hunden más que otras. Un cuerpo flota cuando tiene menos densidad que el líquido sobre el que se sumerge.

Aire atrapado

El aire es mucho más ligero que el agua, unas 1.000 veces; es decir, que en un metro cúbico de aire hay una masa de aproximadamente 1 kg, mientras que si es de agua la masa es de unos 1.000 kg. Es por esta razón que las burbujas de aire ascienden a través del agua desde el fondo hacia la superficie de la piscina o al mar, porque son más ligeras que el agua.

¿QUÉ QUEREMOS DEMOSTRAR?

Que el aire es más ligero que el agua, y que éste ocupa un volumen.

¿QUÉ NECESITAMOS?

- un vaso
- un papelito
- cinta adhesiva
- un tanque lleno de agua

¿CÓMO LO HACEMOS?

[1] En el fondo del interior un vaso vacío pega con cinta un trozo de papel.

[2] En un tanque o pecera llena de agua, introduce el vaso vacío, sumergiéndolo procurando que no se incline. Trata de hacer llegar el vaso hasta el fondo del tanque, procurando que éste no se incline.

[3] Cuando llegues al fondo, saca el vaso y observa si el papel que has pegado al fondo está seco o mojado. Repite la operación pero ahora, una vez que el vaso está en el fondo del tanque, inclina ligeramente el vaso, y observa qué sucede.

¿QUÉ Y POR QUÉ HA PASADO?

El vaso está lleno de aire. Al sumergirlo en el agua, el aire queda atrapado dentro del vaso, sin poder escapar. Al ser más ligero que el agua, tiende a ascender e ir hacia la superficie, pero el vaso se lo impide. Al sumergir el vaso, pues, el aire queda retenido dentro del propio vaso, y el agua no entra. Por consiguiente, al sacar el vaso, el papelito estará seco.

En el segundo intento, cuando en el fondo se inclina el vaso, el aire retenido en éste puede escapar y, al ser más ligero que el agua, asciende a través suyo, hasta llegar a la superficie. Observarás pues todo de burbujas más o menos grandes que llegan a la superficie. Ahora el vaso se llenará de agua, y el papel saldrá completamente mojado.

Diablillo de Descartes

La ligereza del aire respecto del agua ha sido aprovechada, por ejemplo, para hacer emerger o sumergir los submarinos en el mar, o para hacer mover arriba y abajo dentro del agua el diablillo de Descartes.

¿QUÉ QUEREMOS DEMOSTRAR?

Que el aire es más ligero que el agua, construyendo una adaptación del clásico experimento del diablillo de Descartes.

¿QUÉ NECESITAMOS?

- una botella de plástico de 1,5 litros
- una cañita de refresco con codo
- tres clips medianos
- tijeras

¿CÓMO LO HACEMOS?

[1] Coge la caña y tírala, de forma que el codo quede alargado (tal y como muestra la figura). Dóblala por este tipo de bisagra, formando una especie de U invertida,

[2] cortando con unas tijeras la parte sobrante.

[3] Une los dos tubitos de la caña con un clip, y de éste,

[4] cuelga los dos clips restantes. Esto será nuestro diablillo.

[5] Pon esta estructura en el interior de la botella llena de agua, con los tubitos de la caña hacia abajo (y los clips colgando en ella).

[6] Tapa la botella. Aprieta con fuerza la botella y observa qué sucede con la estructura de tubitos y cañita que has introducido en el agua.

¿QUÉ Y POR QUÉ HA PASADO?

Al apretar la botella, el agua tiende a desplazarse, y consiguientemente entra en los tubos de la caña, comprimiendo el aire que hay en el interior. La estructura gana peso, y se hace más densa que el agua, hundiéndose. Al dejar de apretar la botella, el agua se expande expulsando al agua del interior del diablillo. El conjunto pierde peso, siendo pues más ligero que el agua. Consiguientemente flota.

Y ADEMÁS...

Colgando del clip, se puede plastificar un papelito con cinta con tu nombre o con el que desees. También puedes hacer alguna figura con algunos de los clips que cuelgan de él.

Submarino de aire

El aire es más ligero que el agua. A temperatura ambiente el agua se encuentra en estado líquido, con una densidad de aproximadamente 1.000 kg/m^3, mientras que el aire se encuentra en estado gaseoso, con una densidad aproximada de 1 kg/m^3. Al ser más ligero el aire que el agua, cuando el aire se encuentra sumergido en agua tiende a ascender. Por eso se forman burbujas cuando buceas y sueltas aire en el fondo de la piscina. Esta propiedad es la que permite hacer sumergir o emerger los submarinos dentro del agua.

¿QUÉ QUEREMOS DEMOSTRAR?

Que efectivamente el aire pesa menos que el agua, construyendo un submarino casero.

¿QUÉ NECESITAMOS?

- una botella de plástico de 1,5 o 2 litros
- tijeras
- un tubito de 1 metro de largo
- cinta
- un globo
- plastilina
- un vaso de plástico

¿CÓMO LO HACEMOS?

[1] En el extremo de un tubo de aproximadamente 1 metro de largo adhiere un globo, procurando que éste no tenga pérdidas por los bordes (pon cinta).

[2] En el interior de la botella, que será el submarino, introduce un par de pesos que queden repartidos a lo largo de la botella, de manera que cuando la sumerjas en el agua se hunda. Una buena referencia son tres o cuatro bloques de plastilina alargados, como muestra la figura.

[3] Aproximadamente en la mitad de la botella, en el lomo, recortaremos y haremos un orificio, sobre el que pegaremos con cinta un vaso de plástico, previamente agujereado por su base.

[4] Para que quede bien pegado, recortaremos el vaso longitudinalmente, como indica la figura.

[5] Introduce el tubo en el interior de la botella, de modo que el globo quede en el interior, aproximadamente hacia la mitad, debajo del vaso.

[6] Sumerge tu submarino en agua, y cuando quieras hacerlo aflorar sopla por el tubo.

¿QUÉ Y POR QUÉ HA PASADO?

El submarino tenderá a hundirse debido al peso que le has puesto. Al soplar por el tubo, el globo del interior se hinchará de aire, más ligero que el agua, el cual desplazará el agua del interior de la botella hacia el exterior. En conjunto, cuando el globo está lleno de aire será más ligero que el agua, y por tanto ascenderá. Ten el tubo obturado con el dedo. Cuando quieras que tu submarino se hunda de nuevo, deja salir el aire por el tubo. El agua volverá a entrar en la botella, y el submarino se hundirá nuevamente.

Reventón

Dos zonas de un mismo fluido, como el aire o el agua, cuando entran en contacto no se mezclan si tienen diferente temperatura, ya que tienen diferente densidad. En la zona de contacto aparece una frontera, que divide los dos fluidos. A menudo, como se trata del mismo fluido y por tanto tienen el mismo color (en el caso del aire son invisibles), no lo percibimos con la vista, pero esta frontera existe.

¿QUÉ QUEREMOS DEMOSTRAR?

Que el agua fría es más pesada que la caliente, y que aunque sean un mismo fluido, al tener diferente temperatura (y por tanto densidad) no se mezcla cuando entran en contacto.

¿QUÉ NECESITAMOS?

- un vaso con agua tibia o a temperatura ambiente (por encima de los 20 °C)
- una cubitera
- colorante azul
- cinta

[1] Teñimos agua de color azul (puedes utilizar azul de metileno, o bien algún colorante alimentario), y la ponemos a congelar en la cubitera.

[2] Una vez congelado, sacamos un cubito, y lo introducimos en un vaso lleno de agua tibia.

[3] Observa lo que sucede.

¿QUÉ Y POR QUÉ HA PASADO?

A medida que el hielo se va descongelando y transformándose en agua líquida, lo hace a una temperatura muy inferior a la del agua que contiene el vaso. Como es más fría, el agua (azul) del hielo es más densa, y se hunde, generándose una corriente de agua azul que desciende hacia el fondo del vaso. Al cabo de unos minutos podrás observar como el fondo del vaso aparece una capa de agua de color azul, mientras que hacia la superficie el agua es incolora. Aparece una frontera entre el agua fría (de color azul) y el agua tibia (transparente). Esta frontera desaparecerá en pocos minutos, cuando el agua fría se caliente y la tibia se enfríe, lográndose la misma temperatura. Entonces, la frontera desaparece y todo el vaso será azulado.

Y ADEMÁS...

En la naturaleza la frontera entre el aire caliente y frío aparece en varios fenómenos meteorológicos. Por ejemplo, cuando una masa de aire frío encuentra una de aire más cálido, se forma un frente frío, en el que el aire caliente asciende sobre el frío, formando nubes y a menudo tormentas. Otras veces, una masa de aire muy fría desciende de las capas más altas de la troposfera, formando lo que se llama un reventón, o en inglés un *downburst*.

Huevo flotador

Una de las principales causas por las que un cuerpo sólido flota o se hunde en un líquido es la relación entre la densidad de dicho sólido y el líquido en el que se encuentra. Si el sólido es más denso que el líquido, éste tenderá a hundirse ya que pesa más, mientras que si es menos denso, flotará. En este último caso, si intentamos hundirlo aparece una fuerza, llamada empuje, que lo hará flotar. Este empuje será mayor cuanto mayor sea la diferencia de densidades entre el sólido y el líquido.

¿QUÉ QUEREMOS DEMOSTRAR?

Que la flotabilidad de un sólido depende de la densidad del líquido.

¿QUÉ NECESITAMOS?

- un huevo duro
- un bol lleno de agua
- sal

[1] Sumerge con un poco de cuidado el huevo duro de gallina en un bol lleno de agua dulce. Éste, si está bien hervido, se hundirá y se depositará en el fondo del recipiente.

[2] Ve añadiendo sal, y removiendo bien para que ésta se disuelva en el agua.

[3] Ve tomando nota de la cantidad de sal que vas disolviendo, y ve observando el comportamiento del huevo.

¿QUÉ Y POR QUÉ HA PASADO? 🔍

Inicialmente el huevo se hunde porque tiene una mayor densidad que el agua. A medida que disolvemos sal en el agua, ésta aumenta su densidad. Llega un momento en que la densidad del agua se iguala a la del huevo; en este punto si introduces un huevo ya no se hundirá hasta el fondo, sino que quedará flotando en medio del agua. Si sigues disolviendo sal, el agua será más pesada que el huevo, y éste flotará.

Y ADEMÁS...

¿Dónde flotas con más facilidad, en la piscina o en el mar? La respuesta es que en el mar, porque el agua es más densa debido a su contenido de sal.

La regla tozuda

El peso del aire ejerce una gran fuerza sobre los objetos de la superficie terrestre. En un metro cuadrado de superficie, esta fuerza es unas 100 veces mayor que el peso de un elefante repartido uniformemente en este metro cuadrado.

¿QUÉ QUEREMOS DEMOSTRAR?

Que el aire ejerce una gran fuerza sobre los objetos.

¿QUÉ NECESITAMOS?

- una regla de unos 30 cm o más
- papel de periódico

[1] Sitúa una regla de entre 30 y 50 cm sobre una mesa. La regla debe ser de plástico duro, y plana. Deja que la regla sobresalga unos 4-5 cm por el borde de la mesa.

[2] Da un golpe seco al extremo de la regla, y observa lo que ocurre.

[3] Coloca encima un papel de periódico, y aplánalo. Vuelve a dar un golpe seco en el extremo de la regla, en el trozo que sobresale 4-5 cm. Observa lo que sucede.

¿QUÉ Y POR QUÉ HA PASADO?

El aire ejerce una gran fuerza sobre todos los objetos de la superficie terrestre. Al poner la hoja de periódico encima de la regla y alisarlo con la mano, entre el papel de periódico y la mesa no hay aire, ya que ha sido desplazado. La gran fuerza del aire comprime con fuerza el papel de periódico, ya que por debajo hay poca resistencia al haber menos aire. Cuando golpeas la regla, la fuerza del aire comprime el papel e impide que éste salte, como lo había hecho antes de que pusieras el papel. Para comprobar que es la presión del aire sobre el periódico la que dificulta que la regla salte, puedes hacer una bola de papel con el diario, y colocarla sobre la regla. Si golpeas la regla, comprobarás que ésta y la bola salen disparadas. La superficie sobre la que el aire hace fuerza es, ahora, muy menor.

Una fuerza invisible

La gran fuerza que ejerce el aire sobre la superficie terrestre es capaz de contrarrestar el peso de una columna de agua de hasta 11 metros de altura o, como se verá en este experimento, capaz de sustentar durante largo rato el peso del agua de una copa.

¿QUÉ QUEREMOS DEMOSTRAR?

Que el aire ejerce una fuerza sobre los objetos.

¿QUÉ NECESITAMOS?

- un vaso de cristal, o copa
- un posavasos o cartulina
- agua

[1] Pon un posavasos (también sirve un trozo de cartulina o trozo de papel) en la boca de una copa, como indica la figura. Dale la vuelta sujetando con la mano el posavasos y, una vez invertido, saca la mano.

[2] Observa qué hará el posavasos.

[3] Vuelve a repetir los mismos pasos, pero ahora llenando la copa a rebosar con agua.

[4] Observa qué sucede ahora.

¿QUÉ Y POR QUÉ HA PASADO?

En tu primer intento, dentro del vaso hay aire, a la misma presión que el aire del exterior. La fuerza del aire del interior del vaso y del exterior ejerce la misma fuerza sobre el posavasos, y por tanto están en equilibrio. El peso del posavasos, por tanto, es la única fuerza neta, y éste caerá. En el segundo intento, dentro de la copa hay agua, y en el exterior, aire. Dentro del vaso el agua ejerce una fuerza mucho menor que la del aire y, por consiguiente, el posavasos no caerá ya que el aire del exterior empuja hacia arriba, hacia el interior de la copa donde hay agua. Si te fijas bien, el posavasos tiende a entrar hacia adentro de la copa. La fuerza del aire es mucho mayor que la del agua. De hecho, la fuerza del aire es equivalente a la que ejerce una columna de unos 11 metros de altura.

Pinchito de globo

Un globo suele reventarse con relativa facilidad. El aire del interior ejerce una presión hacia el exterior, tensando la goma del globo. Un pequeño arañazo sobre esta goma es suficiente para que el aire del interior escape violentamente hacia el exterior, rompiéndose el globo acompañado de un breve estallido. Sin embargo, en la superficie aproximadamente esférica que forma un globo cuando está bien inflado, hay dos zonas por donde el aire difícilmente escapará, ya que el aire del interior prácticamente no hace fuerza.

¿QUÉ QUEREMOS DEMOSTRAR?

Que hay dos puntos en un globo inflado donde el aire del interior ejerce poca fuerza y, por tanto, la presión es pequeña.

¿QUÉ NECESITAMOS?

- dos globos
- un palo de pinchito largo

¿CÓMO LO HACEMOS?

[1] Hincha dos globos, hasta que queden bien grandes. Haz un nudo para evitar que el aire pueda escapar.

[2] Coge el palo de pinchito y pincha suavemente el lomo de uno de los globos,

[3] y en el otro, pincha por el extremo opuesto a donde has hecho el nudo.

¿QUÉ Y POR QUÉ HA PASADO?

Habrás comprobado que cuando has tocado suavemente con el palo de pinchito en el lomo del globo éste ha reventado. En esta zona del globo el aire del interior hace mucha fuerza contra el globo, y la más pequeña grieta rompe la goma del globo, la cual está sometida a mucha tensión, y el aire sale violentamente hacia el exterior. Por el contrario, en un globo hay dos pequeñas zonas donde el aire del interior ejerce poca fuerza contra el globo: alrededor de donde has hecho el nudo, y el extremo opuesto, por donde has pinchado. Si has ido con cuidado y has encontrado el punto adecuado, habrás comprobado que sorprendentemente has podido pinchar el globo sin que éste reviente. Puedes penetrar completamente el pinchito y atravesar el globo hasta hacerlo salir por el otro extremo, por donde has hecho el nudo. Habrás hecho un pinchito de globo, como ilustra la figura. En estos dos puntos, el aire del interior ejerce menos fuerza y, por tanto, menos presión.

Faquir de huevos

Tumbarse sobre un colchón de clavos, como lo hacen los faquires, es posible siempre y cuando el peso del cuerpo se reparta de forma uniforme sobre todos los clavos del colchón. Una fuerza ejercida sobre una gran superficie implica una presión pequeña, mientras que la misma fuerza pero ejercida sobre una superficie pequeña conlleva una presión elevada. De forma similar, caminar sobre docenas de huevos sin que se rompan es posible.

¿QUÉ QUEREMOS DEMOSTRAR?

Que una misma fuerza repartida sobre una superficie grande o pequeña ejerce una pequeña o gran presión, respectivamente.

¿QUÉ NECESITAMOS?

- entre una y cuatro docenas de huevos
- sus hueveras de cartón

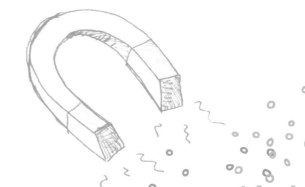

¿CÓMO LO HACEMOS?

[1] Disponemos en el suelo los huevos dentro de la huevera, de forma que podamos hacer 3 o 4 pasos sobre éstas. También puedes optar por sólo un paso, y utilizar una sola huevera.

[2] Con la ayuda de alguien pon un pie sobre los huevos de la primera huevera. Es importante que los huevos sean del mismo tamaño, y que no haya ninguno que sobresalga más que los demás, y que cuando pongas el pie encima lo hagas de forma plana.

[3] Cuando tengas la seguridad de que es plano y que la fuerza que ejercerás sea homogénea sobre todos los huevos, haz fuerza. Para avanzar y poner el otro pie en la huevera siguiente procede de forma similar, teniendo en cuenta ahora que para retirar el pie que tienes sobre la huevera lo hagas de golpe; no intentes hacer el mismo gesto que haces cuando caminas normalmente.

¿QUÉ Y POR QUÉ HA PASADO?

Si has seguido los pasos anteriores, habrás comprobado que ningún huevo se ha roto. Esto es porque tu peso se ha repartido homogéneamente sobre los huevos, de forma que cada huevo ha recibido una fuerza relativamente pequeña y no se ha roto. Una vez que hayas hecho tu paseo sobre los huevos con éxito, puedes probar de pisar un solo huevo. Entonces todo tu peso se concentra sobre dicho huevo, y la presión que recibirá será demasiado grande, rompiéndose al instante. Es importante pensar, sin embargo, que en ambos casos la fuerza que has ejercido es la misma.

El agua también pesa

El agua está formada por moléculas, compuestas por dos átomos de hidrógeno y uno de oxígeno: H_2O. En un litro de agua hay muchísimas moléculas, tantas como un "tagaitagà", tal y como definimos en *100 preguntas de física. ¿Por qué vuelan los aviones de papel, y por qué vuelan los de verdad?* (Lectio, 2013). Éstas hacen una gran fuerza, llamada presión o fuerza hidrostática.

¿QUÉ QUEREMOS DEMOSTRAR?

Que el agua ejerce un fuerza debido a su peso, mayor cuanto más alta sea la columna de agua que tiene encima.

¿QUÉ NECESITAMOS?

- una botella de plástico de 1,5 litros
- un punzón
- agua

¿CÓMO LO HACEMOS?

[1] Con la ayuda de un punzón haz unos 5 agujeros a lo largo de la botella. Procura que estén a la misma distancia unos de otros, y que el primero comience cerca de la base de la botella, y que el último esté casi en lo alto de la misma.

[2] Rellena la botella de agua, tapando con los dedos los agujeros y evitando que el agua salga por estos agujeros a medida que llenas la botella.

[3] Una vez rellenada la botella, ponle el tapón, para evitar que el agua salga por los agujeros.

[4] Colócala al lado de un bol que recoja el agua, y saca el tapón de la botella. Observa los chorritos de agua que saldrán por los orificios que has hecho. ¿Cuál llega más lejos?

¿QUÉ Y POR QUÉ HA PASADO?

Del agujero inferior, el que está más cerca de la base de la botella, saldrá el chorrito con más fuerza, y el que llegará más lejos y más tiempo durará. Esto es así porque tienen la columna de agua mayor respecto al resto de agujeros, y por tanto el peso que ejerce el agua es mayor que en los otros agujeros. El agujero superior, en cambio, es el que tiene un menor peso del agua, ya que prácticamente no tiene columna de agua encima, y la fuerza que el agua ejerce es muy pequeña.

El huevo y el viento

El aire se desplaza de las zonas donde hay más cantidad de aire (o zonas de alta presión) a las que hay menos (o zonas de baja presión). Este movimiento del aire produce el viento. En la Tierra hay regiones donde el aire ejerce una fuerza mayor que en otras. El aire se mueve de las zonas de alta presión a las de menor presión, formándose así el viento. Podemos simular la formación del viento con un huevo hervido y un recipiente en el que haremos un pequeño vacío.

¿QUÉ QUEREMOS DEMOSTRAR?

La formación del viento, y que el aire se desplaza hacia zonas donde el aire ejerce menos presión.

¿QUÉ NECESITAMOS?

- un huevo cocido pelado
- hornillo
- rejilla
- erlenmeyer o recipiente de vidrio

[1] Pon en un erlenmeyer o recipiente de vidrio una fina lámina de agua en el fondo, y ponlo a calentar durante 30-40 segundos, hasta que la película de agua que has introducido empiece a hervir. Ten cuidado de no poner el recipiente sobre la llama directamente, ya que puede romperse. Asimismo es aconsejable que el recipiente que uses sea resistente al calor. Una vez pasado este tiempo, apaga el fuego y saca el recipiente del fuego, retirando la película de agua que hay en el fondo; ponlo sobre una mesa.
[2] Coloca a ella rápidamente un huevo duro, debidamente pelado. Ten cuidado cuando lo peles de no resquebrajar su superficie.
[3] Observa qué sucede.

Al calentar el recipiente del aire del interior también se calienta, se dilata y se escapa por la boca, de forma que en el interior queda menos aire que en el exterior. Estás haciendo una pequeña depresión, es decir, una zona donde el aire ejerce menos presión que el aire del exterior. Al poner el huevo encima, el aire del interior queda aislado, con una presión inferior al del exterior. El aire de fuera, a una presión relativa mayor, tenderá a moverse hacia el interior, para compensar la presión. El punto más débil por donde el aire puede entrar es la boca del recipiente, donde tienes situado el huevo. Poco a poco observarás como el huevo se alarga y entra dentro del recipiente, hasta que en pocos segundos entrará. De una forma similar se forma el viento en la Tierra: el aire se mueve de las zonas de alta presión a las de baja presión.

Lata misteriosa

La presión atmosférica se manifiesta siempre que hay diferencias de presión. Allí donde la fuerza del aire es mayor el aire tiende a divergir e ir hacia zonas donde la fuerza del aire es menor.

¿QUÉ QUEREMOS DEMOSTRAR?

Que el aire se mueve hacia zonas donde hay menor presión.

¿QUÉ NECESITAMOS?

- una lata de refresco de aluminio
- un hornillo (o el fogón de la cocina de casa)
- plastilina
- pinzas

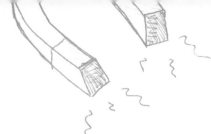

¿CÓMO LO HACEMOS?

[1] Vacía el contenido de la lata, y ponla a calentar en el hornillo, durante aproximadamente 1 minuto.

[2] Mientras se calienta, coge un trozo de plastilina y haz un cubo bien grueso, como muestra la figura. Una vez que el aire del interior de la lata esté bien caliente, con cuidado y la ayuda de las pinzas saca la lata del fuego, y déjala sobre la mesa.

[3] Con cuidado de no quemarte pon el taco de plastilina sobre la apertura de la lata, y procura que ésta quede bien sellada.

[4] Una vez que lo hayas hecho, deja pasar unos minutos y ve observando lo que sucede.

¿QUÉ Y POR QUÉ HA PASADO?

Al calentar el aire del interior de la lata, se dilata y sale por la boca, mientras que el aire del exterior difícilmente puede entrar. Al salir más aire del que entra en la lata, estás haciendo un pequeño vacío. Es decir, que la fuerza que ejerce el aire del interior contra las paredes de la lata es inferior al que hace el aire del exterior hacia el interior. Al sellar la lata, se cierra la comunicación entre el aire del exterior (a una mayor presión) con el del interior (a una presión menor). El aire del exterior tenderá a ir hacia el interior de la lata, y poco a poco irás oyendo y viendo como la lata se comprime sobre sí misma, doblándose hacia el interior, hasta que, si has sellado bien la entrada, la lata quedará completamente chafada.

Agua esferoidal

La tensión superficial del agua es la responsable de que las gotas de agua sean esféricas. Las fuerzas de interacción entre las moléculas del agua hacen que éstas adopten una forma esférica.

¿QUÉ QUEREMOS DEMOSTRAR?

Que las gotas de agua son esféricas, debido a la tensión superficial.

¿QUÉ NECESITAMOS?

- una moneda de cinco céntimos
- un cuentagotas, o una pipeta (o pajita de refresco)
- agua

[1] Con el cuentagotas absorbe agua, y ve depositándola, gotita a gotita, sobre la moneda. Ve repartiendo estas gotitas por la moneda, de forma que poco a poco se vayan uniendo.

[2] Una vez que la moneda esté completamente llena de agua, con cuidado sigue echando agua sobre la gran gota que se habrá formado sobre la moneda. Ve observando lo que sucede.

A medida que vas tirando gotitas sobre la moneda, éstas se van uniendo y formando una gota gruesa. Una vez que la gota ocupa toda la moneda, ésta no fluye porque la tensión superficial del agua ejerce una fuerza de atracción, tendiendo a hacer que esta gota grande adopten una forma esférica. Cuando sigues tirando gotitas de agua con el cuentagotas, ésta se va haciendo más grande y esférica, de forma que observarás que incluso los bordes de la gota sobrepasan el borde de la moneda. La fuerza de atracción de las moléculas de la gota de agua (la tensión superficial) tiran hacia dentro las partículas de agua de la gota, haciendo que adopte esta forma esférica.

Hemisferios de Magdeburgo *low cost*

En 1654 Otto von Guericke realizó en la ciudad de Magdeburgo un experimento que se ha convertido en uno de los más clásicos en la historia de la ciencia, el llamado experimento de los hemisferios de Magdeburgo, que ponían de manifiesto la gran fuerza que el aire ejerce sobre todos los objetos de la superficie terrestre. El experimento consistió en juntar dos hemisferios de hierro, como si se tratara de dos medias naranjas vacías por dentro. Uno de los hemisferios tenía una válvula conectada a una bomba que extraía el aire que había entre los dos hemisferios. Después de extraer el aire entre estos hemisferios, éstos quedaron fuertemente unidos. Para separarlos, se necesitaron hasta 8 caballos tirando de cada hemisferio en sentido contrarios.

¿QUÉ QUEREMOS DEMOSTRAR?

Adaptar el experimento de los hemisferios de Magdeburgo de forma casera, para demostrar la fuerza del aire.

¿QUÉ NECESITAMOS?

- dos desatascadores de fregadero
- un poco de agua

[1] Humedece los bordes de plástico de dos desatascadores, y únelos.

[2] Presiona uno contra el otro para que el aire que hay entre ellos se escape, procurando que los dos bordes queden centrados. Intenta separarlos, tirando por el mango.

[3] Puedes pedir ayuda a alguien, para intentar separar los dos desatascadores, tirando cada uno del mango.

¿QUÉ Y POR QUÉ HA PASADO?

Al sacar el aire entre los dos desatascadores (hemisferios), se ha hecho un pequeño vacío, de forma que el aire del exterior al tener una presión mayor tenderá a moverse hacia el interior de los hemisferios, donde hay una presión menor. En este movimiento, si la zona de unión de los dos desatascadores (hemisferios) está bien sellada, el aire del exterior no entrará y los dos hemisferios serán comprimidos con fuerza. Por eso costará un poco separarlos. Ten presente que es el aire que los une, no hay ningún otro mecanismo.

Papelitos saltadores

Uno de los factores que influyen en la fuerza que el aire ejerce sobre un objeto es la velocidad de éste en torno a este objeto, ya sea porque el aire es el que se mueve alrededor del objeto, o el objeto el que se desplaza en el sí del aire. Es el llamado efecto Venturi. En aquellas zonas donde el aire se mueve más rápido, la fuerza que el aire ejerce sobre el objeto es menor que en aquellas zonas donde el aire se mueve más lentamente. Cuando esto sucede, aparece entonces una diferencia de fuerzas entre dos zonas de un mismo objeto, y por tanto, una fuerza neta, es decir, que el aire empuja allí donde hace más fuerza (donde se mueve más lentamente) hacia donde la fuerza es menor (allí donde se mueve más rápidamente).

¿QUÉ QUEREMOS DEMOSTRAR?

El efecto Venturi, en dos partes.

¿QUÉ NECESITAMOS?

- un abanico (que puede ser un trozo de cartón, carpeta, plato...)
- hojas de papel

¿CÓMO LO HACEMOS?

Para demostrar el efecto Venturi realizaremos dos pequeñas demostraciones.

[1] Rompe unos cuantos trocitos de papel, de un tamaño de aproximadamente 1 cm de lado, y déjalos sobre una mesa. Con la ayuda del abanico (puedes utilizar un trozo de cartulina gruesa, la escobilla del ratón del ordenador...) pásalo por encima de los papelitos, y observa qué movimiento hacen justo después de pasar por encima. Repite varias veces, a diferentes velocidades.

[2] Para hacer la segunda demostración, coge un folio, y póntelo debajo de los labios, tal y como muestra el segundo dibujo. Sopla con fuerza por encima del papel y observa qué le sucede a la hoja.

CORRIENTE DE AIRE

¿QUÉ Y POR QUÉ HA PASADO?

En aquellas zonas en torno a un objeto donde el aire se mueve rápido, la fuerza que el aire ejerce sobre éste es menor respecto a las zonas donde el aire se mueve más lentamente. En la primera experimentación, el aire entre los papelitos y la mesa permanece en reposo, mientras que al pasar el abanico por encima la velocidad del aire aumenta y, consiguientemente, la fuerza del aire sobre los papelitos se hace más pequeña que la que hace el aire debajo del papel. Por lo tanto, el aire debajo de los papelitos tiende a ir hacia donde hace menos fuerza, es decir, hacia arriba. Por ello, si te fijas bien, los papelitos saltan hacia arriba cuando pasas el abanico por encima. En la segunda experimentación, al soplar por encima de la hoja del aire incrementa la velocidad y por tanto se reduce la fuerza que ejerce el aire. El aire situado bajo la hoja ejerce una fuerza hacia arriba, levantándose la hoja.

Las apariencias engañan

El efecto Venturi, descrito en el anterior experimento, está presente en muchas de las acciones que nos rodean a diario. Este fenómeno, por ejemplo, hace despegar los aviones, que los prototipos de Fórmula 1 puedan tomar curvas a gran velocidad con mucha estabilidad, que se nos pegue la cortina al abrir el agua de la ducha, que algunas papeleras de las calles escupan la basura cuando hace viento, o que se formen algunas nubes en las montañas.

¿QUÉ QUEREMOS DEMOSTRAR?

El efecto Venturi.

¿QUÉ NECESITAMOS?

- un embudo
- una pelota de ping-pong

[1] Introduce la pelota de ping-pong en el embudo, mientras la sujetas con una mano.

[2] Sopla con fuerza por el tubo estrecho del embudo, mientras dejas de sujetar la pelota de ping-pong.

[3] Observa lo que sucede.

¿QUÉ Y POR QUÉ HA PASADO?

Al soplar por el tubo del embudo, el aire se mueve a una cierta velocidad por su interior. Al llegar a la parte ancha, se desplaza hacia los lados, disminuyendo su velocidad, de forma que en el punto A la velocidad del aire es prácticamente cero, no se mueve, mientras que en el punto B el aire tiene una cierta velocidad. Según el efecto Venturi, allí donde el aire se mueve rápido la fuerza que ejerce el aire disminuye respecto a zonas donde se encuentra en calma. Consiguientemente en el punto A la fuerza del aire no ha variado, pero en el punto B ha disminuido. Por lo tanto, el aire del punto A tiende a ir hacia el punto B, haciendo fuerza sobre la pelota de ping-pong y adhiriéndola más cuanto más fuerte se sople.

Y ADEMÁS...

En ciencia no debe haber ideas preconcebidas, y hay que experimentar para comprobar y verificar ideas y teorías. Seguramente, antes de soplar por el embudo hubieras pensado que la pelota de ping-pong saldría disparada adelante con fuerza, y si te hubieran dicho lo contrario no te lo hubieras creído. En ciencia hay que experimentar para llegar al conocimiento.

Haciendo corrientes térmicas

Cuando el aire se calienta se dilata, se ensancha, y pierde densidad, se hace más ligero. Ésta es una de las razones por las que cuesta tanto calentar un habitáculo con un techo muy alto, o bien un dúplex, ya que el aire caliente tiende a acumularse en las partes altas. En verano, cuando el calor aprieta mucho y el suelo se calienta, el aire de las partes más bajas de la troposfera, en contacto con el suelo, también se calienta, se dilata y asciende verticalmente hacia las capas medias y altas de la troposfera. Son las corrientes térmicas tan buscadas por los aficionados al parapente, y tan evitadas por los amantes del vuelo en globo aerostático.

¿QUÉ QUEREMOS DEMOSTRAR?

Que el aire caliente asciende y el frío desciende.

¿QUÉ NECESITAMOS?

- una botella pequeña (vidrio o plástico)
- un bol
- agua caliente
- un globo

[1] Ponemos agua bien caliente en un bol. Cuanto más caliente mejor.

[2] En una botella vacía (llena de aire) a temperatura ambiente, pon un globo por su boca, tal y como muestra la figura, y ponla dentro del cuenco de agua caliente. Si la botella es de plástico, seguramente deberás sujetarla para que se mantenga vertical.

[3] Observa qué le pasa al globo.

[4] Cuando pase un cierto tiempo, saca la botella del cuenco, y déjala sobre una mesa. Observa ahora qué le pasa al globo.

AIRE CALIENTE

AIRE FRÍO

¿QUÉ Y POR QUÉ HA PASADO?

El agua caliente del bol calienta el aire del interior de la botella, de manera que éste se dilata y asciende hacia arriba. Al encontrar la salida cerrada por el globo, este aire empuja el globo hacia arriba, inflándolo. Al retirar la botella del cuenco con agua caliente, desaparece la fuente que calentaba el aire y lo dilataba. Ahora el aire del interior de la botella se enfriará y, contrariamente a lo que le pasaba cuando se calentaba, se contrae y aumenta su densidad. El globo poco a poco se desinflará hasta que volverá a la posición que tenía inicialmente.

La espiral del viento

Las corrientes convectivas están causadas en buena medida por los movimientos verticales del aire que has observado en el experimento anterior. El aire es invisible y, por consiguiente, estas corrientes son generalmente difíciles de observar directamente. A veces se pueden intuir porque dichas corrientes verticales arrastran humedad y terminan formando nubes.

¿QUÉ QUEREMOS DEMOSTRAR?

La existencia de corrientes convectivas sobre cuerpos calientes.

¿QUÉ NECESITAMOS?

- una hoja de papel
- un lápiz
- tijeras
- un alfiler o punzón
- un trozo de hilo de coser

- [1] Copia en una hoja la espiral que tienes dibujada. Procura que ocupe toda la hoja.
- [2] Recórtala por la línea que has trazado. Con la ayuda de un alfiler o de un punzón fino, haz un pequeño agujero en el centro de la espiral, como indica el dibujo.
- [3] Pasa el hilo por el agujerito y haz un nudo en un extremo.
- [4] Busca una fuente que irradie calor (un radiador, una paella caliente, etc.) y pon encima, a una cierta altura (aproximadamente medio metro), tu espiral de viento.

¿QUÉ Y POR QUÉ HA PASADO?

Encima de los objetos calientes hay una corriente de aire ascendente. La espiral del viento detecta dichas corrientes e inicia un movimiento en espiral, a causa de que este aire ejerce una fuerza sobre el papel. La forma del papel hace que gire. Cuando apartamos la espiral de la fuente de calor dejará de girar porque no hay corriente vertical o es demasiado débil para ser capaz de hacer girar el papel.

Globo incombustible

La convección es uno de los mecanismos de transporte de la energía calorífica de un fluido, desde zonas calientes hacia zonas frías. Cuando un fluido se calienta se desplaza del lugar donde se halla, se lleva el calor hacia otras zonas más frías y es reemplazado por un fluido más frío. Este movimiento aparece en distintos ámbitos del nuestro entorno: en la olla de cocer el caldo, en la atmósfera, en el sistema de refrigeración de un motor de explosión... La convección, por consiguiente, transporta energía de las zonas calientes hacia las frías.

¿QUÉ QUEREMOS DEMOSTRAR?

Que la convección transporta energía.

¿QUÉ NECESITAMOS?

- un par de globos
- agua
- una vela

¿CÓMO LO HACEMOS?

[1] Hincha un globo con aire y otro con agua. El primero, soplando; el segundo, poniéndolo directamente en el grifo.

[2] Enciende una vela y pon encima, en primer lugar, el globo lleno de aire. Procura que la llama toque al globo. Observa qué sucede.

[3] Repite la misma operación, pero ahora con el globo lleno de agua. Procura de nuevo que la llama de la vela queme el globo. Observa qué sucede.

¿QUÉ Y POR QUÉ HA PASADO?

El globo lleno de aire explotará rápidamente una vez la llama de la vela queme la goma. A pesar de la pequeña explosión, no es peligroso. El calor acumulado en la goma del globo la rompe con relativa facilidad, el aire sale violentamente hacia el exterior y genera la explosión del aire.

En el segundo caso, sin embargo, observarás que, sorprendentemente, el globo no revienta, y que durante minutos y minutos la llama quema el globo, pero esta vez no revienta. El calor acumulado por la llama en el globo calienta el agua del interior del globo, que rápidamente es reemplazada por agua más fría a causa de una pequeña convección generada en el interior. El agua, de este modo, se lleva la acumulación de calor del globo y por consiguiente la goma del globo no se calienta mucho; el globo no revienta. Con un poco de paciencia puedes llegar a hacer hervir el agua del interior del globo sin que reviente, con la llama que incide directamente sobre el globo. Puedes probarlo también con un vaso de papel.

Primera edición: octubre del 2014

© del texto: Jordi Mazón Bueso

© de los dibujos: Raquel Garcia Ulldemolins

© de la edición: 9 Grupo Editorial / Lectio Ediciones
C/ Muntaner, 200, ático 8a – 08036 Barcelona. Tel. 977 60 25 91 – 93 363 08 23
lectio@lectio.es – www.lectio.es

Disseño y composición: Imatge-9, SL

Impresión: Leitzaran Grafikak

ISBN: 978-84-16012-30-5

DL T 1257-2014